HACER ARTE EN LA EDAD DE HIELO

LA HISTORIA DE CÓMO NUESTROS ANTEPASADOS CREARON IMÁGENES

Paul Bahn

Elle Clifford

con un prólogo de
Antony Gormley

ARCHAEOPRESS

Parte de la serie
única de docenas
de grandes discos
rojos, rociados
en una galería
de la cueva de
El Castillo, España

CONTENIDOS

PROLOGO

Entras en una cueva, sus paredes brillan con agua rica en calcita. Trazas tus dedos, dejando una marca en el techo como las vías del tranvía. Ves tu aliento en el aire fresco; cada paso se hace eco en la resonancia de la oscuridad y la piedra. Ahora, llena el hueco de un hueso de animal con ocre finamente molido tomado del suelo y presiona la palma de una mano contra la pared de la cueva. Soplando el ocre en el dorso de tu mano, dejas una huella de tu mano: la marca más antigua del tacto humano que nos llega a través de los milenios, hablando de presencia, contacto y tiempo.

¿Qué nos hace humanos? La capacidad de reflexionar sobre nuestra propia experiencia.

La oscuridad de la cueva es el suelo en el que se creó el primer arte, pero también sigue siendo una **metáfora** del acto de imaginar: ir a lo profundo de uno mismo para encontrar las cosas que resuenan con el mundo exterior. Una de las cosas extraordinarias de la Edad de Hielo en Europa es cómo los artistas dibujaron caballos, bisontes, mamuts y ciervos tanto de manera práctica como imaginativa. En aquella época, había muchos más animales que humanos vagando por la tierra, y la vista y el estruendo de esas vastas manadas atronandores por los valles de piedra caliza del sur de Francia habrían sido impresionantes. Los cazábamos, comíamos su carne y nos vestíamos con su piel, todo para sobrevivir, pero también los adorábamos y respetábamos. El arte de las cuevas muestra nuestra dependencia, pero también su lugar en la imaginación de la Edad de Hielo como criaturas poderosas y míticas.

Pienso que crear cosas y dibujar son partes intrínsecas de nuestra especie y nuestra evolución, de quiénes somos. Si le das a cualquier niño un medioi de hacer una marca, digamos un lápiz o un pincel, lo usará con alegría y expresividad. Al crear algo, ya sea que se parezca a algo que ya existe o sea completamente único, como la huella de tu mano, cambia el mundo y cambia la forma en que te sientes en él: has traído a la existencia algo que no estaba allí antes. Sin estas aventuras en nuestra imaginación, estamos perdidos. La curiosidad está en la raíz de todas las iniciativas creativas. ¡Coge un lápiz, toma un trozo de arcilla y comienza a crear!

Antony Gormley

LÍNEA DE TIEMPO

Línea de tiempo desde la llegada aproximada
de los humanos a Europa hasta la actualidad

Fotomontaje del panel del "unicornio" en Lascaux II

▲ Los autores en Altamira.

◄ Algunos de los bisontes 3D
pintados sobre salientes naturales
en el techo de Altamira.

¿CÓMO SE DESCUBRIÓ EL ARTE EN CUEVAS?

Quizás te sorprenda saber que algunas de las imágenes de la Edad de Hielo pintadas y grabadas en cuevas no fueron encontradas por **arqueólogos, prehistoriadores** o **espeleólogos**, sino que fueron descubiertas por niños, perros y, en un caso, ¡una vaca localizó una cueva decorada!

Durante el siglo XIX, un pequeño número de personas habían excavado cuevas y anotado en sus cuadernos el hallazgo de pinturas u objetos intrigantes (uno incluso tomó fotografías de grabados). Sin embargo, nunca se publicó nada que llamara la atención sobre estos primeros hallazgos, hasta que se descubrió la cueva de Altamira, en la costa norte de España, en 1868, cuando el perro de un granjero se quedó atrapado en unas rocas. Incluso entonces, pasaron varios años antes de que fuera investigada por un terrateniente local y prehistoriador aficionado, Marcelino Sanz de Sautuola. Mientras excavaba dentro de la cueva para buscar herramientas prehistóricas, su hija María, de ocho años, se adentró en la cueva y descubrió un techo cubierto de enormes pinturas bicromadas (ocre y carbón) de bisontes. Fue un descubrimiento increíble, pero lamentablemente los esfuerzos de Sanz de Sautuola por convencer a la comunidad académica de sus hallazgos fueron ridiculizados, e incluso fue acusado de ser un fraude.

El techo de Altamira tiene 20 m de largo. Contiene 18 bisontes, un caballo y una cierva, además de numerosos grabados. Fue decorado en diversas épocas entre hace 35.000 y 17.000 años.

Otra de las cuevas más famosas y espectaculares es la de Lascaux, en Dordoña, Francia, descubierta en septiembre de 1940 por un adolescente, Marcel Ravidat, y su perro Robot. Mientras paseaban juntos por las colinas, Robot desapareció de repente por un agujero descubierto por un árbol caído. Marcel arrojó una piedra al agujero y se dio cuenta de que había una profunda cavidad bajo sus pies, y unos días después regresó con tres amigos para investigar. Los chicos se deslizaron hacia la oscuridad y, para su asombro, descubrieron una cueva con paredes y techos cubiertos de pinturas de animales. Te aliviará saber que Robot no se perdió, de hecho, se convirtió en una especie de héroe nacional, ¡con una calle que lleva su nombre! (Ver a la derecha).

Algunos de los primeros visitantes inspeccionando Lascaux.

El interior de Lascaux contiene más de 600 pinturas fabulosas de uros (ganado salvaje), caballos, ciervos y signos, y casi 1.500 grabados, principalmente de caballos. Lascaux se hizo famosa instantáneamente en todo el mundo y, como resultado, miles de personas quisieron visitar la cueva para ver sus pinturas, ¡lo que causó una contaminación terrible!

Lascaux fue decorada en diferentes períodos de tiempo, en muchas partes de la cueva y por diferentes artistas. Se encontraron lámparas, herramientas, herramientas para moler pigmentos y 158 piezas de pigmentos minerales dentro de la cueva.

Otro ejemplo de cómo la curiosidad infantil que conduce al descubrimiento es Pech-Merle, una cueva en la ladera de una colina en la región francesa de Lot. Las paredes están pintadas con espectaculares murales que datan de hace entre 27.000 y 18.000 años. El arte rupestre fue descubierto en 1922 por Martha, que tenía 13 años en ese momento, y su hermano mayor, André, y su amigo Henri. Como a muchos niños de la zona, un arqueólogo aficionado les había animado a explorar las cuevas locales para buscar pinturas, y en este caso su curiosidad dio sus frutos.

La cueva de Pair-non-Pair (que significa pares o impares) está al norte de Burdeos, en Francia. Contiene algunos grabados muy finos y profundos (alrededor de 40) de caballos, cabras montesas, ciervos y mamuts. Estos se han datado en un período muy temprano de la Edad de Hielo, hace unos 33.000 a 26.000 años. La cueva fue descubierta en 1881 cuando una vaca tropezó con lo que resultó ser un agujero en el techo. El agujero había permitido que entrara un rayo de luz en la cueva alrededor del cual estaba grabado todo el arte.

La enorme cueva de Tito Bustillo fue descubierta en 1968 por un grupo de espeleólogos adolescentes, entre ellos Celestino Fernández Bustillo. Tito, como era conocido, murió en un accidente de montañismo menos de tres semanas después, por lo que los demás decidieron bautizar la cueva en su memoria. La primera figura vista por los descubridores fue una gran cabeza de caballo negra en el techo, pero la cueva contiene una gran cantidad de pinturas y paneles complejos, pintados y grabados durante hasta nueve fases separadas durante la Edad de Hielo. Un enorme panel de grandes figuras de renos y caballos está pintado en negro y un raro ocre violeta (ver fig. pág. 46).

El arte de las cuevas debe haber estado oculto a simple vista durante siglos, ya que muchas cuevas en Europa fueron utilizadas por la gente para todo tipo de cosas, desde ceremonias religiosas, pastores refugiándose del mal tiempo, hasta jóvenes curiosos y perros explorando sus profundidades ocultas (¡por favor, no intentes esto tú mismo!).

Cuando se descubrió por primera vez el arte en cuevas y se sospechó de sus verdaderos orígenes antiguos, desconcertó a mucha gente. Una razón fue que era inesperado y era un **fenómeno** muy difícil de explicar. Inevitablemente, muchos "expertos" tardaron un tiempo en aceptar el arte rupestre como genuino. Después de que se descubriera más arte en cuevas en Francia y se excavaran y dataran científicamente objetos de arte portátiles, la existencia de imágenes de la Edad de Hielo en cuevas fue indiscutible (véase pág. 61).

Tras los primeros descubrimientos, explorar cuevas se convirtió en todo un pasatiempo para expertos, aficionados y espeleólogos aficionados. Por ejemplo, la familia Bégouën disfrutaba de excursiones hurgando en **montones de escombros de excavación** y explorando cuevas en su propio terreno en las estribaciones de los Pirineos franceses, con el deseo de aprender más sobre los antiguos humanos que una vez ocuparon el área. En el verano de 1912, los tres hijos adolescentes del conde Henri Bégouën decidieron explorar una cueva llamada Le Tuc d'Audoubert en el río Volp. Entraron en una balsa casera y en su interior encontraron algunos grabados de animales. Unos días más tarde se adentraron más en la cueva y descubrieron algo extraordinario en el otro extremo: dos figuras de bisontes en arcilla modeladas por una familia que visitó la cueva unos 13.000 años antes.

El entusiasmo del niño no terminó allí. De hecho, dos años más tarde descubrieron otra cueva en su terreno, llena de pinturas

y grabados. ¡Por eso la cueva se llamó Les Trois Frères/Los Tres Hermanos!

Sabiendo muy bien cuántos interiores de cuevas prehistóricas habían sido dañados por trabajadores y visitantes descuidados, la familia Bégouën nunca consideró abrir sus cuevas al público. Hasta el día de hoy, muy pocas personas han visitado las dos cuevas, a fin de garantizar la preservación de un patrimonio tan valioso para las generaciones futuras. De hecho, el primer camino que tomaron los hermanos en su visita inicial, con solo luces de bicicleta para iluminar el camino, estableció la ruta que todavía se usa hoy en día.

Los trabajadores de la construcción han descubierto muchas cuevas que contienen imágenes prehistóricas -- por ejemplo, la cueva de Covaciella, en el norte de España, descubierta en 1994 cuando trabajadores que realizaban perforaciones para construir una carretera encontraron la entrada de la gruta. Al igual que muchas cuevas encontradas en los últimos años, las visitas son limitadas, requieren permiso y generalmente se permiten solo con fines de investigación. Las pinturas dentro de la cueva de Covaciella tienen alrededor de 14.000 años de antigüedad (ver figura pág. 65).

A veces, el propietario del terreno o el agricultor hace el descubrimiento. Muchas cuevas decoradas eran conocidas por los lugareños durante años antes de que fueran declararadas a los funcionarios y se pusieran bajo control gubernamental para protegerlas. La cueva decorada de Llonín, también en el norte de España, siempre había sido conocida por los lugareños y se usaba para fermentar y almacenar queso hasta que Magín Berenguer fue invitado a inspeccionar los grabados en la pared en 1971. Más tarde escribió que "en la zona alta de la cueva hay un fantástico bosque de formaciones de estalagmitas y estalactitas que se han unido de arriba a abajo, formando una hermosa columnata que alcanza una altura de 20 pies en algunos lugares". Su descripción es uno de los muchos ejemplos de cómo la **arquitectura** natural de una cueva en particular puede haber atraído al artista y llevado a que se decorara. La cueva de Llonín fue pintada y grabada repetidamente durante un período de tiempo muy largo; esto no es raro, el techo de la cueva de Altamira es otro ejemplo. Sugiere que la gente creía que había algo especial en estos lugares y sus imágenes ya existentes. Sólo puedo imaginar lo que pensaban los antiguos al ver estas asombrosas pinturas murales por primera vez, aunque debe haber habido una diferencia en significados y creencias a lo largo de los miles de años en que fueron vistas.

Parte del panel principal de la cueva de Llonín, en el norte de España. Observe la figura serpentina en el centro y el intenso uso del ocre.

¿Le gustaría ver arte de cueva auténtico? Si la respuesta es afirmativa, consulte la página 72 para saber cómo hacerlo.

Las alcas de Cosquer.

COSQUER – UNA CUEVA SUMERGIDA

Uno de los descubrimientos más extraordinarios de cuevas decoradas fue el de Cosquer, cerca de Marsella en la costa mediterránea de Francia, que fue encontrado en 1985 por Henri Cosquer, un buceador. Su entrada, ahora bajo el agua, solía estar a 120 m sobre el nivel del mar y a 10 km de la costa, pero el aumento del nivel del mar después del final de la Edad de Hielo inundó la orilla, de modo que la entrada ahora está 37 m por debajo de la superficie del agua. Peor aún, para entrar en la cueva ahora implica pasar por un túnel, de 147 m de largo y solo 90 cm de alto, lo cual es extremadamente peligroso: ¡buceadores profesionales se han ahogado en él! Cosquer no vio ningún arte en esta gran cueva en su primera visita, ya que estaba distraído por las maravillosas estalagmitas y estalactitas. Pero finalmente se reveló una riqueza de imágenes: dibujos en pigmento negro, plantillas de manos rojas y negras, y numerosos grabados y marcas de dedos. Hay casi 500 figuras, incluyendo 225 animales de 11 especies diferentes, principalmente caballos, cabras montesas, bisontes y uros. Entre las figuras más notables e inusuales se encuentra un grupo de aves de gran tamaño, que se cree que son alcas (véase en la página opuesta). Dado que el público no puede acceder a Cosquer, en 2022 se inauguró en Marsella una excelente réplica en la que los visitantes son transportados en vehículos rodeados de agua. Desafortunadamente, el cambio climático actual está provocando el aumento del nivel del mar, lo que ya está dañando las figuras de la cueva original, que se encuentran justo por encima del agua.

¿QUÉ DIBUJARON Y PINTARON?

Animales, humanos y signos (marcas abstractas) son las tres categorías en las que se agrupa el arte de la Edad de Hielo. La gran mayoría son figuras de animales, y casi todas parecen ser animales adultos dibujados de perfil, aunque hay algunas excepciones. A veces las figuras son diminutas y otras enormes.

La mayoría de las figuras "completas" de animales no son difíciles de reconocer. En ocasiones, las figuras extrañas

Un diminuto grabado de un saltamontes en hueso. Hay muy pocas representaciones de insectos en el arte de la Edad de Hielo. Se encontró en la cueva francesa de Enlène.

desafían la identificación, especialmente aquellas que parecen ser una composición de más de un animal (véanse las figuras págs. 21 y 54). Algunos animales en particular, por ejemplo, caballos, cabras montesas, ciervos y bisontes, parecen ser de especial importancia para los artistas de la Edad de Hielo. En general, el arte en cuevas está dominado por caballos y bisontes. Los caballos eran pequeños y robustos, con colas largas y crines cortas. Los bisontes que dibujaron ahora están extintos, pero son similares a los bisontes europeos modernos (véase la figura pág. 16).

Había muchos animales y plantas en el paisaje que nuestros antepasados de la Edad de Hielo decidieron no representar en su arte. No hay paisajes ni escenas al aire libre, ni sol ni luna, y solo una selección muy limitada de los animales que habrían observado. Como tampoco hay escenas de caza (ver página 69), parece que las imágenes son una especie de "código", ¡y no un "menú" como mucha gente parece pensar!

Los niños a menudo preguntan si las imágenes son de animales que cazaban y por qué pintaron algunos animales mucho más que otros. Parece claro que la respuesta está lejos de ser simple.

DIBUJAR HUMANOS

En el abrigo rocoso de La Marche, en Francia, se descubrieron más de 2000 plaquetas de piedra que datan de hace 17.000 años (véase la página 25). Muchas están grabadas con animales, pero alrededor de 115 de ellas están grabadas con una gran variedad de figuras humanas, principalmente cabezas. La mayoría (90 %) están de perfil; hay una variedad de expresiones faciales, tocados, peinados: algunos parecen calvos y otros tienen vello facial. Algunos parecen bastante jóvenes y otros viejos; algunos parecen hombres porque tienen vello facial y otros pueden ser mujeres o niños pequeños. En general, los humanos son muy raros en las imágenes de la Edad de Hielo, especialmente en el arte en cuevas, pero los grabados de La Marche muestran que los artistas eran perfectamente capaces de dibujarlos si querían.

Trazado de rostro grabado de La Marche.

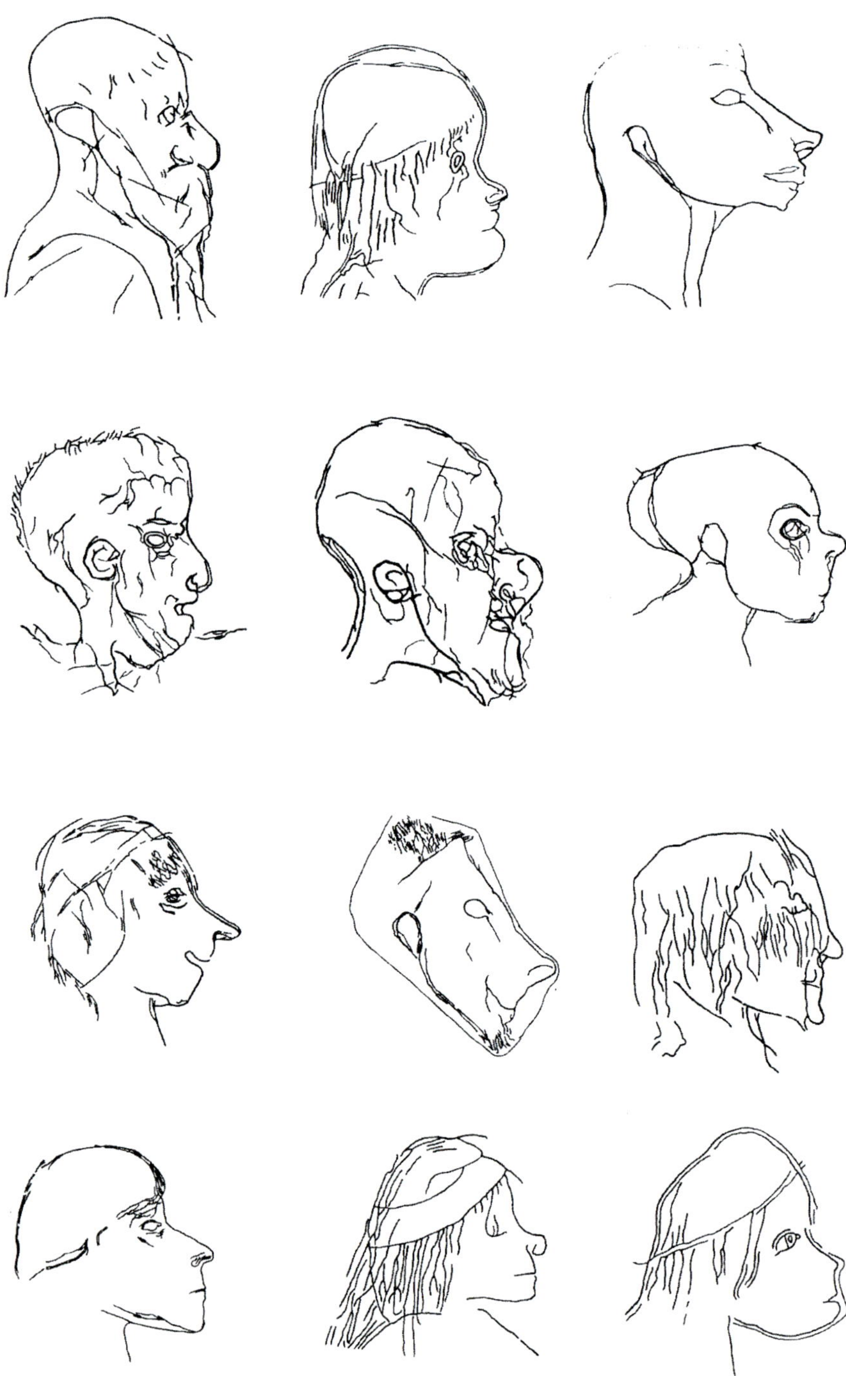

Algunas de
las cabezas
de perfil de
La Marche,
Francia.

Rostro humano dibujado en una protuberancia en la pared de la cueva de Bernifal, Francia.

HUMANOIDES

Esta categoría de representaciones incluye figuras que parecen "algo" humanas; a veces se interpretan como humanas, pero están demasiado estilizadas para que estemos seguros. Por ejemplo, puede que falten las cabezas, pero tienen otras características, como los pechos, que sugieren que las figuras son mujeres. Siempre debemos ser cautelosos en nuestro juicio, ya que lo que puede denotar "masculino" o "femenino" a nuestros ojos puede haber sido diferente o haber cambiado mucho durante un período de tiempo tan largo. Otro nombre para las formas que tienen una apariencia humana es antropomorfos.

ANTROPOMORFOS

Escondida en una cámara de difícil acceso en la cueva de Tito Bustillo puede estar una de las primeras representaciones en el arte de la Edad de Hielo que se asemeja a "nosotros mismos". Realmente no tenemos ni idea de lo que el artista pretendía transmitir con estas imágenes al espectador de la Edad de Hielo, pero las figuras antropomorfas en las imágenes de la izquierda se parecen más a los humanos que a cualquier otro animal en la naturaleza. La estalactita "con forma de bandera" casi **translúcida** cuelga del techo en el centro de la pequeña cámara, y en esta extraordinaria formación rocosa el artista pintó un antropomorfo masculino en un lado y uno femenino en el otro. La calcita sobre las imágenes data de al menos 30.000 años atrás, posiblemente antes, y el carbón del hogar de la cámara directamente debajo se ha datado en alrededor de 37.000 años.

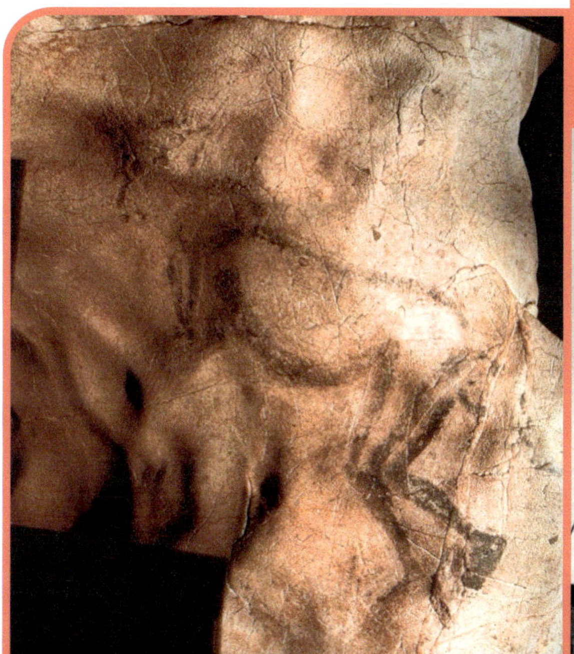

TERIANTROPOS O FIGURAS COMPUESTAS

Las figuras de teriántropos son extremadamente raras en comparación con las miles de otras imágenes conocidas de la Edad de Hielo. Su rareza puede implicar que están reservadas para algo especial, particularmente porque a menudo se encuentran en lugares de difícil acceso y pequeñas cámaras dentro de cuevas. Estas extrañas figuras aparecen como animales fantásticos o imaginarios y probablemente sean una metáfora de un mensaje social importante o una creencia que necesita ser transmitida a la audiencia. La imagen de arriba, conocida como el "hechicero", es una extraña mezcla de criaturas, pero que no se parece en nada a un animal real. Debe haber venido completamente de la imaginación de alguien. Darle el título de "hechicero" implica que nuestros antepasados de la Edad de Hielo creían en **seres sobrenaturales**, ¡pero, por supuesto, no tenemos idea de si creían o no!

SIGNOS GEOMETRICOS

La tercera categoría de imágenes, conocidas como "signos", comprende una amplia gama de formas geométricas. Los más simples, puntos y líneas, se encuentran en todas las imágenes de la Edad de Hielo, pero los signos más complejos tienden a limitarse a períodos o regiones particulares y, por lo tanto, pueden ser algún tipo de símbolo para identificar a un grupo o comunidad.

¿QUIENES FUERON LOS ARTISTAS?

A menudo nos preguntan si los niños crearon arte de la Edad de Hielo, y si sabemos si fueron hombres o mujeres los artistas. Lo que sí sabemos es lo siguiente.

Es obvio que la gran mayoría del arte rupestre fue creado por adultos, como lo demuestra su pericia y maestría, así como los lugares donde se realizó. Sin embargo, hay algunos lugares en las cuevas donde solo un niño, ¡o un adulto muy pequeño!, pudo haber entrado apretadamente para crear las imágenes. También sabemos que los niños hicieron algunas plantillas de manos y algunas marcas de dedos (véase pág. 40), en algunos casos siendo levantados para hacerlo. En el arte mueble, los estudios han demostrado que algunas imágenes fueron claramente realizadas por principiantes torpes, supuestamente jóvenes. Pero ¿podemos determinar si los artistas adultos fueron hombres o mujeres? En ocasiones esto es posible; por ejemplo, las imágenes de bisontes en el techo de Altamira están hechas con trazos tan amplios que solo un hombre adulto, ¡o una mujer inusualmente grande!, pudo haberlas realizado. Y en el abrigo esculpido de Cap Blanc, en Francia, los estudios de los golpes que formaron las tallas sugirieron que el artista probablemente era zurdo. Un entierro frente al centro del friso correspondía a una mujer joven. El análisis de sus huesos sugirió que era zurda, ¡así que bien pudo haber tallado el friso! Pero, en general, lamentablemente, no podemos estar seguros de si los artistas eran hombres o mujeres. En cuanto a las plantillas de manos, por ejemplo, las manos masculinas grandes son distintivas, pero existe una gran coincidencia entre las de mujeres y las de hombres jóvenes o ligeramente construidos.

Se han encontrado imágenes portátiles de la Edad de Hielo anteriores al arte rupestre, pero vale la pena recordar que muchos objetos artísticos deben haber sido hechos de materiales **perecederos** que no han sobrevivido: madera, corteza, plumas, fibras o pieles, así como peinados o decoración corporal como tatuajes.

La gran mayoría de las imágenes portátiles que sobrevivieron están grabadas o talladas en piedra, hueso, asta y marfil. Uno de los primeros descubrimientos importantes, en 1864, fue una representación de un mamut grabada en un trozo de colmillo de mamut. Esto resultó ser una ocurrencia muy común en el arte de la Edad de Hielo, es decir, la imagen de un animal dibujada en un trozo de ese animal, como un ciervo rojo grabado en los omoplatos de un ciervo rojo. ¡En España hay incluso una ballena grabada en un diente de ballena!

Las Caldas: cachalote grabado en un diente de ballena.

Entre las imágenes más comunes de la Edad de Hielo se encuentran los grabados en piedra, a menudo en losas planas conocidas como "plaquetas". Se han encontrado cientos de ellas

en algunos yacimientos; por ejemplo, en el abrigo rocoso francés de La Marche, se trajeron más de 2000 piedras grabadas que pesaban alrededor de 4 toneladas, algunas de ellas desde unos 30 km de distancia. Presentan maravillosas representaciones de los principales animales de la Edad de Hielo, pero también los mejores dibujos de humanos que tenemos de ese período (véanse las páginas 17-18).

Duruthy: reno grabado en una escápula de reno (omoplato).

Los grabados también son comunes en hueso y asta, aunque los experimentos muestran que el hueso fresco es difícil de grabar y se necesitan herramientas extremadamente afiladas y mucha fuerza.

Hacia el final de la Edad de Hielo se encuentran figuras de animales y peces y discos circulares cortados de hueso fino – los discos, a menudo grabados, son en su mayoría de omóplatos; mientras que las cabezas de animales a menudo se tallan de los huesos de la lengua de los caballos, cuya forma natural ya parece una cabeza de perfil. A menudo se añadían detalles como ojos y hocicos. Muchos están perforados y probablemente eran colgantes. Se encontraron varios ejemplos en la cueva de Tito Bustillo (ver opuesto). Se espolvorearon con ocre rojo y se colocaron justo encima del suelo en una pequeña repisa frente a la única huella de mano de la cueva.

Las astas a veces se convertían en tallas extraordinarias; un área aproximadamente triangular al final de un asta podía moldearse en mamuts, caballos, pájaros o cervatillos. Estos eran **propulsores** en miniatura que nunca podrían haber sido utilizados como tales (los propulsores de lanzas reales son grandes y están hechos de madera); pero estas tallas requerían tanto tiempo, habilidad y esfuerzo que pueden haber sido objetos de prestigio, o tal vez simplemente juguetes para niños.

Pequeño propulsor de asta de Bruniquel, tallado con forma de mamut.

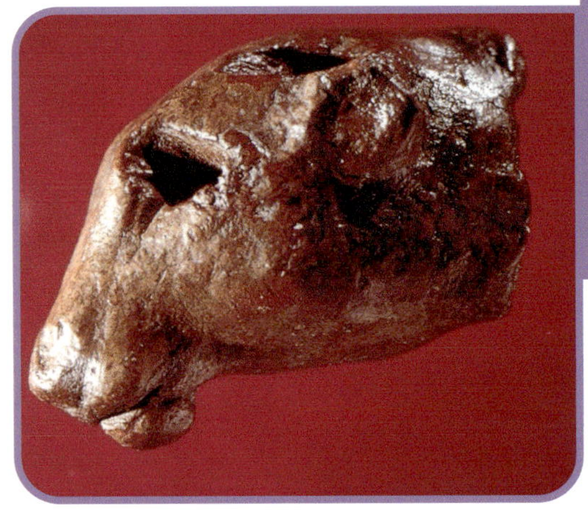

Los artistas de la Edad de Hielo también produjeron una amplia variedad de figurillas. Las más sencillas estaban hechas de arcilla cocida. ¿Sabían los habitantes de la Edad de Hielo fabricar cerámica? ¡Claro que sí! Cualquier fuego encendido en el suelo de una cueva habría endurecido la tierra arcillosa circundante, y se han encontrado trozos de arcilla cocida alrededor de los hogares. Sin embargo, a pesar de ello, no se ha descubierto cerámica en la Europa de la Edad de Hielo. Presumiblemente, esto se debe a que la cerámica es pesada, engorrosa y puede ser frágil, y pudo haber sido una molestia para los cazadores-recolectores al transportarla de un lugar a otro.

En varios yacimientos al aire libre de la República Checa, donde la gente no vivía en cuevas, sino que construía chozas o tiendas como espacios habitables, han sobrevivido cantidades considerables de pequeñas figurillas de **terracota** de hace unos 28.000 años. Hay 77 bastante intactas y más de 10.000 fragmentos, principalmente animales, pero algunas son figuras humanas. Las pruebas científicas realizadas a las figuras indican que se hornearon en un horno, ya que la arcilla debe haber sido cocida a temperaturas de entre 500 y 800 grados y colocada, mientras aún estaba húmeda, en la parte más caliente del fuego.

Figura femenina de Dolní Vestonice (República Checa). En la espalda de la figura se encuentra la huella dactilar de un niño, que data de hace unos 25.000 años.

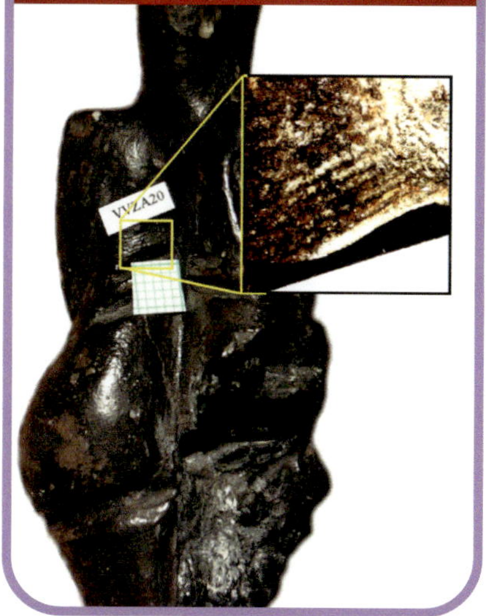

Ocasionalmente se han encontrado huellas dactilares en algunas de estas figuras de arcilla, incluidas las de niños de unos 10 años.

Los expertos consideran que la figura femenina (ver arriba) es una obra de arte demasiado magistral para haber sido producida por un niño. Está hecha de terracota y ha sido cocida en un horno, pero no hay forma de que sepamos con certeza quién fue el artista.

La figura humana de terracota de Maininskaya (Siberia), de 96 mm de altura, data de hace unos 16.500 años. Posiblemente sea un juguete infantil.

¿Crees que un niño pudo haber hecho esta figura?

Las representaciones detalladas de humanos, y especialmente de niños, son muy raras en el arte de la Edad de Hielo, pero tenemos una serie de objetos portátiles, en su mayoría, pero no exclusivamente, hechos de marfil de mamut, que caracterizan a mujeres y posiblemente niños. Estas han sido etiquetadas erróneamente como figuras de "Venus", pero difieren ampliamente en apariencia y no se puede estimar con precisión la edad de las mujeres representadas. Sin embargo, las pequeñas y delgadas figuras siberianas (ver figura opuesta) no son representativas de la mayoría de las figuras y, de hecho, pueden mostrar diferentes etapas de la vida de una niña/mujer.

Estas figuras, generalmente lo suficientemente pequeñas como para sostenerlas en la mano o colgarlas del cuello o el cinturón, a menudo se consideran figuras **simbólicas** de la madre o de las antepasadas, o protectoras del hogar. Muchas se han encontrado en el centro de las zonas habitables, junto al hogar o en fosas funerarias, lo que ha dado lugar a esta **interpretación.** Ciertamente, en la **etnografía** rusa y siberiana, el uso de "muñecas" femeninas ha desempeñado un papel en la vida espiritual y doméstica de las personas durante siglos. Sin embargo, las estatuillas de la Edad de Hielo también se han visto como símbolos de **fertilidad**, muñecas/juguetes infantiles, amuletos para alejar los malos espíritus... de hecho, las posibilidades son infinitas. ¡Quizás tengas algunas ideas propias! Igual de intrigante es saber quién las hizo y para quién eran. Pero es poco probable que alguna vez sepamos la respuesta.

> **¿Para qué crees que servían las figuras femeninas?**

Muchas de las estatuillas femeninas más conocidas fueron talladas en marfil de mamut, y este material también se utilizó para una amplia variedad de objetos, como cuentas y pulseras, y figuras de animales. Una de las más famosas de ellas ha sido llamada "hombre-león", pero es mucho más probable que sea un oso de pie; de hecho, puede ser un juguete, ¡el oso de peluche más antiguo conocido del mundo!

Como hemos visto, la gente de la Edad de Hielo era experta en trabajar con todos los materiales disponibles y podían incluso endurecer cosas en el fuego cuando les convenía. Parece que mucho arte portátil se hacía rápidamente y luego se desechaba o se rompía, mientras que otras piezas parecen haber sido atesoradas y transportadas durante mucho tiempo.

Tenemos evidencia directa de que las personas de la Edad de Hielo usaban joyas y decoraban la ropa. Lo que ha sobrevivido incluye todo tipo de cuentas hechas a mano, dientes de animales y conchas que habían sido adheridas a la ropa o sombreros o usadas como colgantes, pulseras y artículos portátiles. Se ha sugerido que estos adornos podrían significar **afiliaciones** a bandas (al igual que la pintura corporal), lo que sería especialmente útil a medida que las poblaciones crecieron y se desarrollaron las redes de parentesco.

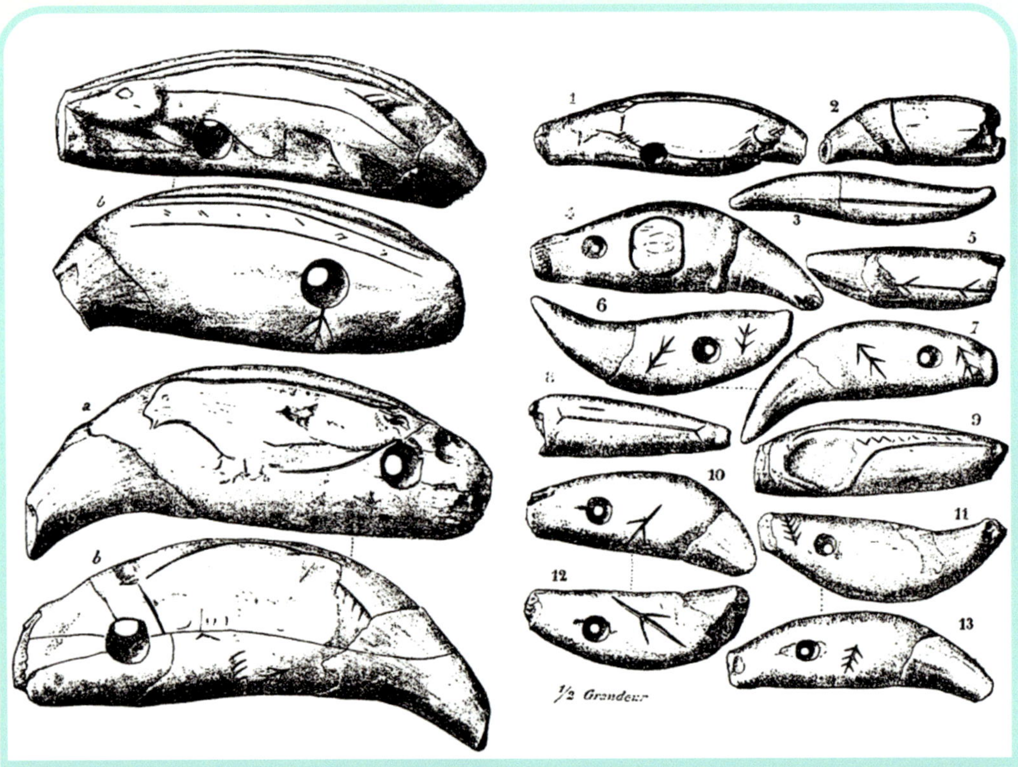

Un collar (o cinturón) de caninos de oso grabados, que incluye una representación de una foca, un pez y arpones, encontrado en un esqueleto enterrado en Duruthy, Landas, Francia.

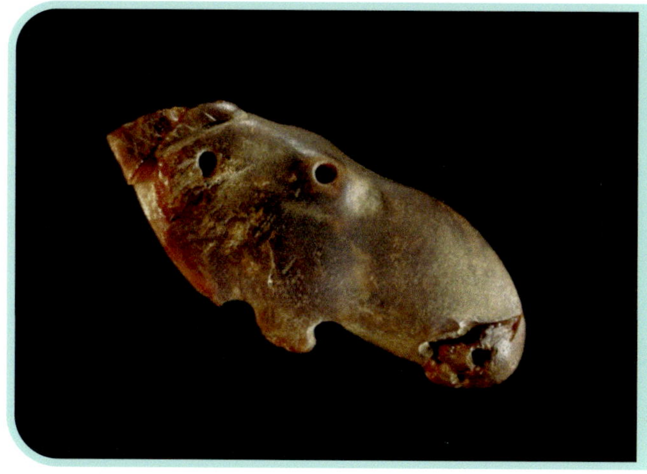

CUENTAS

Conchas y cuentas se han encontrado frecuentemente en grandes cantidades en tumbas de la Edad de Hielo, habiendo estado alguna vez adheridas a ropa que se había **desintegrado** hacía mucho tiempo. Aunque la mayoría de las joyas sobrevivientes se han encontrado en enterramientos, sabemos que no se limitaban a los ajuares funerarios, ya que collares, pulseras, tobilleras, cinturones y sombreros se pueden ver en figurillas y en representaciones también.

Se tallaron enormes cantidades de cuentas durante la Edad de Hielo, particularmente en lugares donde abundaba el marfil de mamut. Por ejemplo, en un cementerio en Sunghir en Rusia, donde la comunidad se especializaba en la caza de mamuts, se descubrieron tres individuos en tumbas junto con 14.000 cuentas de marfil alrededor de pechos, hombros, codos, muñecas y tobillos que habían sido unidas a ropa elaboradamente decorada.

Se estima que cada cuenta tardaba 15 minutos en elaborarse, por lo que la colección representa más de 3500 horas de trabajo. Si se asume una jornada laboral de seis horas, ¡eso significa 583 días para una persona, o 58 días para 10 personas! Se requirió una enorme cantidad de trabajo para producir las ropas bellamente decoradas para estos individuos, y quizás toda la comunidad participó en la elaboración de las cuentas utilizadas para sus atuendos funerarios. Y las cuentas no eran lo único que la comunidad hacía con marfil: brazaletes, colgantes, anillos, brazaletes y broches eran joyas que también se encontraron en el yacimiento. La calidad de la artesanía debió requerir un largo aprendizaje, y los niños probablemente comenzaban a hacer cuentas y a aprender manualidades a una edad temprana.

Otros materiales deliberadamente perforados utilizados para la ornamentación son **vértebras** de peces, fósiles y piedras exóticas como el ámbar y la **esteatita**, y podemos asumir con seguridad que también utilizaban plumas y garras y garras de aves, ya que sabemos que los neandertales lo hicieron mucho antes.

Los dientes animales, perforados a través de la raíz, son en su mayoría incisivos de bovinos y caballos y caninos de zorro, ciervo, lobo, oso o león. En algunos de los enterramientos de Europa que datan de hace unos 30.000 años, se han encontrado docenas de dientes de zorro que debieron estar adheridos a sombreros o prendas de vestir.

Bramadera de hueso grabada con motivos geométricos/lineales y cubierta de ocre rojo, procedente de La Roche en Lalinde (Dordoña). Largo: 18 cm, ancho: 4 cm. ▶

¿HACIAN MUSICA?

Podemos suponer que la gente de la Edad de Hielo cantaba y bailaba, ¡pero estas actividades no se fosilizan! Sin embargo, algunos instrumentos musicales han sobrevivido de ese período. Hay unas 30 flautas, la mayoría hechas de huesos huecos de aves, con varios agujeros para los dedos; son como las flautas dulces o silbatos modernos. También hay algunas bramaderas, objetos ovalados de hueso o marfil, con un agujero en un extremo; al girarlas en una cuerda, producen un fuerte zumbido.

En varias cuevas se pueden encontrar "litofonos": las estalactitas son huecas y resuenan al ser golpeadas, al igual que algunas cortinas de calcita. Cuando se golpean con un objeto duro (especialmente palos de madera), pueden producir notas claras y resonantes. Sabemos que la gente de la Edad de Hielo los usaba, ya que algunos están algo maltratados o rotos, mientras que el grande en la cueva de Nerja en España está decorado con líneas y puntos pintados.

OTROS TIPOS DE ARTE O ARTESANIA

Una gran cantidad de actividad artística que probablemente involucra materiales perecederos se ha perdido del **registro arqueológico**. La madera es un material **orgánico** importante y, junto con la corteza, las fibras, las plumas y las pieles de animales se habrían utilizado para artefactos y objetos tanto funcionales como decorativos Desafortunadamente, casi todo lo de la última Edad de Hielo pereció hace mucho tiempo, aunque tenemos un ejemplo sorprendente que tiene alrededor de 12.000 años de antigüedad. El ídolo de Shigir, encontrado en una turbera en los Urales rusos en 1890, es una escultura **monumental**; está hecha de un tronco de alerce, la cabeza está tallada en **tres dimensiones** que le da una apariencia humana y mide 5.3 m de alto.

Cabe señalar, sin embargo, que no se sabe cómo se talaban los árboles en la Edad de Hielo, ya que se han encontrado muy pocas hachas o herramientas de corte que hubieran abordado una tarea tan importante. Quizás usaban árboles que caían naturalmente, o prendían fuego a la base, pero podemos asumir que sacaban mucho Partido de la madera, ya que sabemos que hacían lanzas de madera, posibles trineos y botes o balsas simples. También podemos asumir que usaban madera para hacer muchos artículos que habrían sido útiles y decorativos.

El 'ídolo' de Shigir reconstruido en 1894.

Una gran cesta tejida (92 litros) de la cueva de Muraba'at, Israel.

Una huella textil en una pared de la cueva Cosquer, Francia.

TRABAJAR CON FIBRAS Y MATERIALES VEGETALES

No es sorprendente que haya muy pocos ejemplos de materiales blandos de la última Edad de Hielo, ya que estos materiales perecen muy rápidamente, como la madera. Sin embargo, hay algunos especímenes que nos dan **evidencia** sólida de que las personas habían desarrollado tecnología de fibra durante este período que cambiaría radicalmente su capacidad de pescar con redes, almacenar en cestas, tranbsportar en bolsas y usar ropa textil en los meses más cálidos.

La cesta de Muraba'at con dos tapas tejidas fue encontrada enterrada en el suelo bajo un metro de tierra arenosa (fig. arriba). Los arqueólogos que descubrieron la cesta suponen que fue enterrada para preservar el contenido del clima cálido de Israel. La cesta tiene alrededor de 10.500 años de antigüedad, esto es al final de la Edad de Hielo, pero es probable que una mano de obra y tecnología tan calificadas precedan a esta fecha.

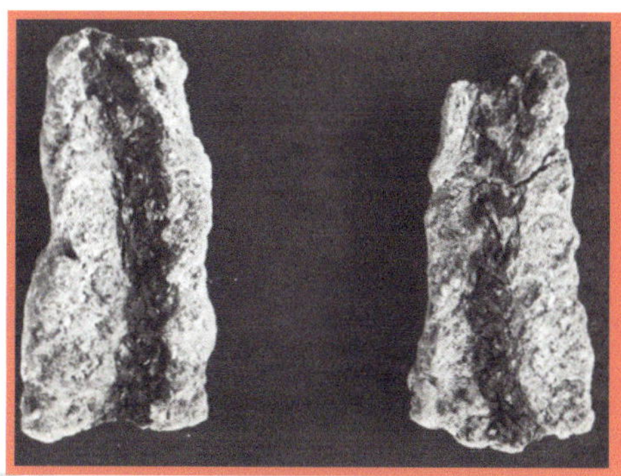

El fragmento de cuerda de la cueva de Lascaux, probablemente hecho de fibra vegetal. Era una cuerda de tres cabos, de 30 cm de largo y entre 7 y 8 mm de diámetro.

TÉCNICAS EN EL ARTE EN CUEVAS

¡Se necesita una sorprendente variedad de técnicas para dominar el arte en cuevas! Uno de los rasgos más característicos del arte en cuevas de la Edad de Hielo es la incorporación de la forma de la roca en los diseños, donde el trabajo de la naturaleza ha sido "completado" por el artista añadiendo líneas grabadas o detalles pintados. Entre los ejemplos más espectaculares están las grandes figuras de bisontes en 3D pintadas sobre protuberancias naturales en el techo de Altamira (véase la figura opuesta, pág. 1).

El artista observó una forma natural en la pared de la cueva y añadió un ojo y unas patas rojas para completar la imagen de un ave. Cueva de La Pasiega, España.

Otro excelente ejemplo es la figura del "bisonte" o del "hombre bisonte" de la cueva de El Castillo. Utilizando la forma natural de una gran estalagmita para el lomo del animal, y luego grabándola y delineándola con pintura, el artista logró realzar la cabeza, la pata trasera y la cola de la figura. La parte superior de la estalagmita se asemeja mucho al cráneo y el cuerno de un bisonte y proyecta una sombra dramática cuando se ilumina correctamente. ¡Intenten imaginar cómo se vería esto a la luz parpadeante de una antorcha! Debió ser emocionante para los niños, especialmente si se acompañaba de cuentos y posiblemente música.

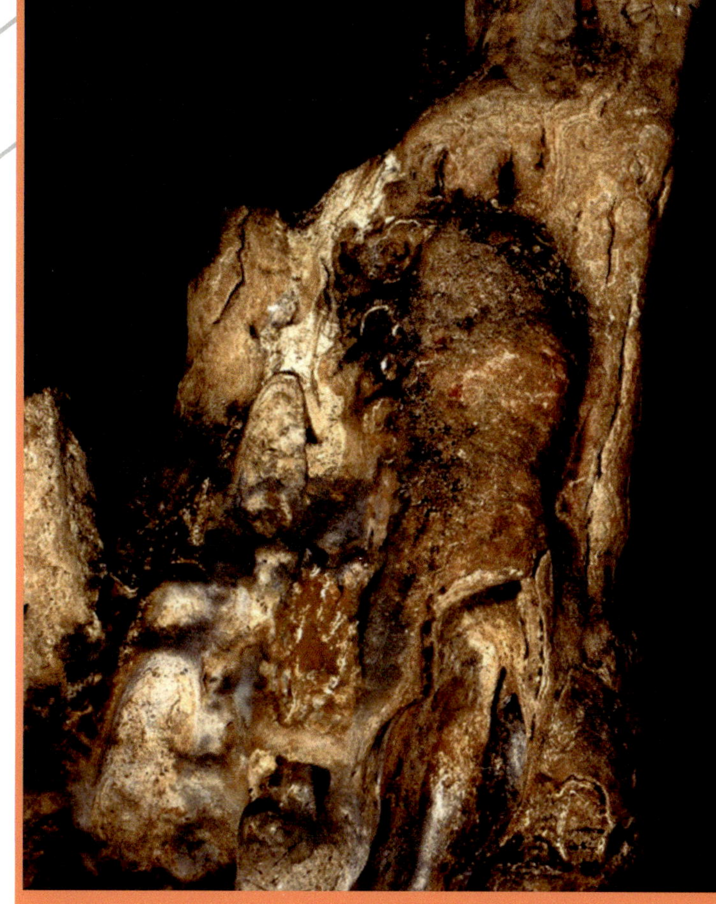
La figura del bisonte en una gran estalagmita en la cueva de El Castillo.

En otros ejemplos, parece como si los animales emergieran o desaparecieran en grandes grietas o fisuras en las paredes de las cuevas. Uno también puede imaginar lo emocionante que debe haber sido esto, cuando sombras misteriosas se deslizaban por las paredes. ¡Nuestro amor por el suspense y el melodrama probablemente tiene una ascendencia muy larga!

La forma más sencilla de marcar las paredes era pasar uno o más dedos sobre ellas, dejando rastros en la suave capa superficial.

Estas son llamadas estrías con los dedos, y la técnica es probablemente extremadamente antigua, y quizás incluso comenzó con los neandertales y la práctica continuó hasta el final de la Edad de Hielo. Este método no requiere ninguna herramienta y los **investigadores** han demostrado que incluso niños muy pequeños hicieron algunas de las que se encuentran dentro de las cuevas. En la cueva de Rouffignac, las estrías fueron hechas por niños de tan solo 2 a 5 años de edad, sentados sobre los hombros de un adulto para hacer las marcas. ¿Por qué se levantaría a los niños pequeños cuando podrían haber hecho marcas en las partes inferiores de las paredes de la cueva? No sabemos la respuesta, pero probablemente fue divertido. No podemos estar completamente seguros de que sean de la Edad de Hielo (ver pág. 61), pero probablemente lo sean. Recuerde, están en las profundidades de cuevas oscuras con suelos irregulares y con solo la luz de una antorcha para ver el camino.

¿Considerarías divertido hacer estrías con los dedos en una cueva oscura?

Pero las paredes de la mayoría de las cuevas son demasiado duras para que esto sea posible, por lo que aquí se utilizaron herramientas para grabar la piedra caliza. Para líneas profundas y esculturas en bajorrelieve, se utilizaron picos de piedra. Sin embargo, la gran mayoría de los grabados rupestres, con mucho la técnica más común en el arte en cuevas de la Edad de Hielo, eran líneas muy finas, hechas con pedernales de bordes afilados.

Es importante tener en cuenta que los grabados finos son casi invisibles cuando se iluminan desde el frente, pero "saltan a la vista" cuando se iluminan desde un lado. Esto se debe a que los artistas necesitaban tener la fuente de luz a un lado para evitar que la sombra de su mano oscureciera lo que estaban haciendo. Esto a veces puede indicar si los artistas eran diestros o zurdos, ya que los artistas diestros tienden a tener su fuente de luz a la izquierda, y la mayoría de los grabados de la Edad de Hielo están mejor iluminados desde la izquierda.

Unas cuantas cuevas en los Pirineos franceses y el norte de España también contienen figuras de animales que fueron grabadas en el suelo de arcilla. Esto era probablemente bastante común, pero tales dibujos sólo han sobrevivido en raras ocasiones, donde los visitantes posteriores no caminaron sobre ellos y los **borraron.**

Todas las cuevas contienen arcilla, pero, curiosamente, el trabajo en arcilla se limita casi por completo a las cuevas de los Pirineos franceses: desde grabados hasta **bajorrelieves**, la figura de oso sin cabeza con forma de esfinge de la cueva de Montespan y, sobre todo, los dos maravillosos bisontes en **alto relieve** del Tuc d'Audoubert. Estos se modelaron con los dedos y luego se les dio forma con una especie de espátula; se utilizó un objeto puntiagudo para hacer los ojos, las fosas nasales, la boca, la crin, etc.

Los bisontes de arcilla del Tuc d'Audoubert. Miden 63 y 61 cm de largo.

Es igualmente extraño, ya que prácticamente todas las cuevas decoradas son de piedra caliza, que la escultura en bajorrelieve se limite a algunas partes de Francia (Dordoña, Charente) e Inglaterra (Creswell Crags, véase pág. 44). Mientras que las figuras de arcilla solo se encuentran (o solo han sobrevivido) dentro de las profundidades oscuras de las cuevas, las esculturas siempre están en abrigos rocosos o en las partes frontales e iluminadas de las cuevas. No tenemos idea de por qué es así, porque los artistas claramente eran capaces de trabajar durante largos períodos en el interior de las cuevas y tenían excelentes fuentes de luz.

Como veremos (pág. 63), en el gran friso esculpido de Angles-sur-l'Anglin se han encontrado algunas de las herramientas utilizadas en su creación: picos macizos, piedras de afilar y espátulas. Un hecho digno de mención es que en todos los yacimientos esculpidos franceses han sobrevivido rastros de pigmentos (rojos y negros) en los bajorrelieves, lo que sugiere que estas esculturas estaban originalmente pintadas de colores brillantes y debieron ser muy visibles incluso desde la distancia.

Las plantillas y impresiónes de manos son algunas de las primeras formas de arte tanto de los neandertales como de los humanos modernos.

El Castillo en Cantabria, España, es una cueva muy grande y contiene muchas imágenes de diferentes períodos de la última Edad de Hielo. Una característica única de esta enorme cueva se encuentra en un pasaje en el extremo más alejado donde se pintaron más de cien discos rojos de diferentes tamaños en los pliegues naturales de la pared de roca.

Huellas de manos en la cueva de La Garma, norte de España.

Huella de mano de niño hallada en la cueva de Maltravieso, España, hecha con ocre púrpura.

ARTE RUPESTRE EN GRAN BRETAÑA

Durante muchas décadas tras el descubrimiento del arte rupestre de la Edad de Hielo, se pensó que se encontraba solo, o principalmente, en España y Francia. Sin embargo, nunca hubo ninguna razón para dudar de que también pudiera existir en Gran Bretaña, donde hay algunos sitios de ocupación importantes del período, e incluso unas pocas piezas de arte portátil; y, por supuesto, durante la Edad de Hielo, el Canal de la Mancha no existía: ¡Gran Bretaña era solo el noroeste de Francia! En 2003, los arqueólogos realizaron una búsqueda en algunas cuevas de la Edad de Hielo en Gran Bretaña. Sabían que era poco probable encontrar pinturas, ya que tienden a ser bastante visibles y alguien las habría visto. Los grabados, por otro lado, a veces solo son visibles con luz oblicua (ver pág. 41), y nadie había buscado nunca en cuevas británicas con eso en mente. El resultado fue que se encontró toda una serie de grabados en Creswell Crags, en la frontera entre Derbyshire y Nottinghamshire. Datadas hace unos 14.000 años, incluyen un gran ciervo, un bisonte y un ibis único en bajorrelieve en el techo de Church Hole. Este es el único arte rupestre de la Edad de Hielo conocido en Gran Bretaña hasta la fecha (aunque se espera que se encuentren más en el futuro) y está abierto al público.

Este singular ibis en bajorrelieve se encuentra en el techo de Church Hole. Este es el único arte rupestre de la Edad de Hielo conocido en Gran Bretaña y fue descubierto por uno de los autores (PB).

As soon as cave art Tan pronto como se **autenticó** que el arte en cuevas pertenecía al Paleolítico tardío, se realizaron análisis para identificar los pigmentos que estos antiguos artistas habían utilizado. En 1898, se tomaron muestras de varias paredes de cuevas decoradas y se analizaron en laboratorios, y se demostró que el pigmento rojo utilizado era óxido de hierro (hematita u ocre rojo).

Una paleta de pigmentos en la cueva de La Pasiega, España.

En Altamira, Sanz de Sautuola había encontrado, entre los huesos y conchas que desenterró en la cueva, trozos de almagre que creía que podrían haber sido utilizados para pintar el techo.

Estos primeros análisis habían demostrado que la pintura negra era dióxido de manganeso. Sin embargo, con el tiempo se descubrió que no siempre era así, y estos primeros artistas usaban con frecuencia carbón vegetal, por ejemplo, de madera de

enebro o pino (las células vegetales pueden verse al microscopio), o carbón animal, obtenido a partir de polvo quemado de hueso, cuerno o incluso dientes. En ocasiones, ambos compuestos (manganeso y carbón vegetal) se mezclaban.

Los artistas de la Edad de Hielo solo tenían cuatro colores básicos con los que trabajar: rojo, negro, marrón y amarillo, pero también dos colores más raros: blanco y morado. A veces se ha asumido que estos artistas usaban verdes y azules que se pueden extraer de las plantas, y que estos colores no han sobrevivido. Sin embargo, este no es el caso, y sabemos que, durante la Edad de Hielo en Europa, las plantas no se usaban como pigmentos. En Tito Bustillo, se usó un pigmento morado que era una mezcla natural de ocre y manganeso que se extraía del interior de la cueva (ver arriba).

Debajo del gran friso de Tito se encontraron materiales colorantes en las conchas de lapa que se habían utilizado para mezclarlos. Esto se hacía generalmente con agua que se encontraba dentro de la cueva. Los materiales colorantes generalmente se obtenían dentro de la cueva o se recolectaban de fuentes locales. A veces, el ocre "especial" se recogía de más lejos, por ejemplo, el ocre utilizado en la cueva de El Mirón, en el norte de España, es rico en **cristales de hematita**, lo que le da un efecto intensamente brillante; su fuente estaba a 20 km de la cueva.

¿CÓMO SE APLICABAN LOS PIGMENTOS A LAS PAREDES DE LAS CUEVAS?

La forma más sencilla era con los dedos, y ciertamente así se hacía en algunos casos. En varias cuevas del norte de España, las figuras de animales se dibujaban con un contorno de puntos rojos, aplicados con los dedos y los pulgares.

Normalmente, sin embargo, la pintura se aplicaba con algún tipo de herramienta. Dado que no ha sobrevivido ningún pincel u otro instrumento de la época, son experimentos recientes los que han sugerido lo que se utilizaba. Algunos trozos de pigmento tienen forma de "crayones" y pueden haber sido utilizados para esbozar contornos, pero no marcan bien la roca y se desgastan muy rápido. Por lo tanto, los trozos de pigmento deben haber sido utilizados principalmente como fuentes de polvo: se trituraban y molían, y luego se convertían en una pasta o un líquido.

Los experimentos con diferentes tipos de pinceles sugieren que las líneas sólidas, precisas y regulares se pueden producir mejor con pinceles de pelo de animales (especialmente tejón) y fibras vegetales trituradas o masticadas. Los pinceles de pelo humano son demasiado flexibles y frágiles. Las almohadillas de pelo de

bisonte transfieren el color a la roca de manera eficiente, pero rápidamente se vuelven blandas e inutilizables.

Sin embargo, es evidente que se utilizaron almohadillas en algunas cuevas, por ejemplo en Lascaux, donde algunas superficies de las paredes son irregulares como una coliflor, y una vez que se habían delineado las figuras en ellas (presumiblemente con crayón o pincel), el relleno se hizo con cientos de puntos circulares hechos con una almohadilla y polvo humedecido.

Ocasionalmente, se extendía pintura sobre la palma de una mano, que luego se aplicaba a la pared, dejando lo que se llama una "mano positiva". Sin embargo, la gran mayoría de las manos en las cuevas de la Edad de Hielo son "manos negativas", es decir, plantillas. Se hacían con un método diferente de aplicación de pintura líquida: escupiéndola por la boca o soplando aire a través de la parte superior de un recipiente que la contenía, lo que la impulsa hacia arriba como un aerosol.

Michel Lorblanchet, famoso especialista en arte rupestre, escupiendo una huella de mano.

Es importante tener en cuenta que los grabados y los dibujos de contorno eran cosas rápidas y fáciles de hacer para un artista con experiencia y talento, y requerían un equipo mínimo aparte de la iluminación (ver página 52). Pero producir pinturas en las profundidades oscuras debe haber implicado una preparación considerable de pigmentos e instrumentos.

ANDAMIOS

Algunas paredes y techos eran fácilmente accesibles; de hecho, en Altamira o Rouffignac los artistas tuvieron que agacharse por lo que nunca pudieron ver toda la superficie de una sola vez. Pero ¿cómo lograron alcanzar paredes o techos altos? A veces era posible mantener el equilibrio sobre rocas o cornisas, pero para obras verdaderamente monumentales como el gran caballo de Labastide, sobre una

Fotografía de Lascaux con agujeros para andamios.

roca de 4 m de altura (véase la fig. pág. 15), debieron usar escaleras (quizás troncos de árboles con ramas cortadas a modo de peldaños) o andamios. Ciertamente, en la Galería Axial de Lascaux, se encontraron alrededor de 20 huecos cortados en la roca a ambos lados, a unos 2 m del suelo, y rellenos de arcilla. Los agujeros de unos 10 cm de profundidad en esta arcilla sugieren que se encajaron ramas lo suficientemente largas como para abarcar el paso en los huecos y se cementaron en su lugar con la arcilla. Estas vigas sólidas podían entonces sostener una plataforma que proporcionaba un fácil acceso a las paredes superiores y al techo.

¡UNA CUEVA DE MAMUTS!

La enorme cueva de Rouffignac, en Francia, es muy diferente de todas las demás cuevas decoradas. Parece un túnel enorme, sin estalagmitas ni estalactitas. Su suelo original estaba cubierto de una arcilla pegajosa y desagradable, lo que dificultaba caminar las largas distancias hasta las imágenes (que comienzan a 700 metros de la entrada), por lo que en 1959 se instaló un tren eléctrico que facilita enormemente las visitas. Pero Rouffignac es única porque sus imágenes están dominadas por el mamut: se conocen unas 170, y aún se encuentran más. Esto significa que aproximadamente un tercio de todas las representaciones de mamuts conocidas del arte rupestre de la Edad de Hielo se encuentran en este sitio. Algunas están grabadas o dibujadas a mano en las paredes blandas, mientras que otras están delineadas en negro. ¿Por qué crees que se dibujaron tantos mamuts aquí, en lugar de caballos o bisontes como en otras cuevas? Una posibilidad es que, en todo el mundo, existan mitos y leyendas sobre animales que emergen del subsuelo para iniciar su vida en la superficie. ¡Ciertamente, el gran túnel de Rouffignac podría considerarse el lugar obvio del que emergieron los mamuts!

Rouffignac: un grabado de mamut conocido como el "patriarca".

¿CUANTO TIEMPO TARDO?

Los grabados y los dibujos de contorno habrían sido rápidos y fáciles para artistas experimentados y talentosos, pero la pintura requiere un tiempo considerable para preparar los materiales, y los paneles pintados con gran detalle habrían sido bastante laboriosos, probablemente varios días para un solo artista. El panel de los caballos "moteados" en Pech Merle (pintado hace aproximadamente 25.000 años, véase la portada) fue **replicado** por el especialista francés en arte rupestre, Michel Lorblanchet. Junto con las manos impresas en negativo, tardó 32 horas (5 días) en completarse. Usó sus manos para dirigir la pintura hacia bordes afilados o difuminados. Descubrió que soplar a través de un tubo doblado (o hueso) podía funcionar para las huellas de mano, pero para los paneles grandes solo escupir desde la boca sería eficiente. Para el color negro, solo utilizó carbón vegetal, ya que el dióxido de manganeso es **altamente tóxico**.

ILUMINANDO

¿Cómo se iluminaban las personas de la Edad de Hielo al entrar en cuevas oscuras y al crear imágenes en ellas? El arte portátil puede haberse producido a la luz del día, como la decoración de abrigos rocosos, pero el trabajo en cuevas requería una fuente de luz fiable.

En algunos casos, sabemos que se encendían fuegos al pie de un panel decorado, y algunas cuevas del sur de España parecen tener "lámparas fijas" en forma de fuegos encima de grandes estalagmitas. Pero en general, había dos opciones: antorchas y lámparas.

Ciertamente se usaron antorchas encendidas, especialmente en las cuevas grandes, aunque han dejado poco o ningún rastro aparte de algunos fragmentos de carbón o marcas negras en las paredes. Durante mucho tiempo, se asumió que estas marcas eran "toallitas", hechas al intentar reavivar la antorcha, pero de hecho la mejor manera de hacerlo es simplemente agitar la antorcha; las marcas probablemente se dejaron por accidente.

En un experimento, un científico caminó descalzo hasta las profundidades más lejanas de la enorme cueva decorada de Niaux en los Pirineos franceses, una distancia de 2 km, llevando seis antorchas de madera de pino, cada una de 80 cm de largo y recubiertas con cera de abejas. Encendió la primera antorcha antes de entrar. Caminando lentamente, completó el viaje de ida y vuelta de 4 km en 3 horas, sin quedarse sin iluminación. Descubrió que cada antorcha emitía una llama de color amarillo anaranjado que proporcionaba suficiente luz para caminar.

En lo que respecta a las lámparas, todos los ejemplares conocidos son de piedra: algunas están bellamente talladas, pero la mayoría son piedras simples con huecos, o incluso simplemente losas planas. Algunas de las encontradas aún contienen residuos que revelan que el combustible era grasa animal o médula

ósea, mientras que las mechas eran hojas de enebro o musgo. Los experimentos han demostrado que 500 gramos de grasa mantendrán una lámpara encendida durante 24 horas, y el combustible de grasa animal no emite hollín, por lo que no hay hollín en ninguna de las pinturas en las cuevas. La luz producida por tales lámparas es bastante tenue, incluso en comparación con una vela moderna. La llama suele ser inestable y temblorosa.

Esto significa que, para iluminar paneles extensos, la gente de la Edad de Hielo necesitaba usar varias lámparas a la vez. El techo de Altamira o la Sala de los Toros de Lascaux habrían necesitado docenas a la vez. Hoy en día es mucho mejor visitar cuevas decoradas con luz tenue, idealmente una antorcha parpadeante, ya que esto es mucho más auténtico. Las imágenes nunca fueron vistas, y nunca se pretendió que fueran vistas, con una luz eléctrica estática y fuerte. Si tiene la suerte de hacer una visita así, verá que la llama parpadeante causa efectos asombrosos de luz y sombra, y a menudo hace que las imágenes de animales parezcan cobrar vida y moverse.

En la cueva de Chauvet, algunas figuras fueron dibujadas mientras mantenían el equilibrio con cierta dificultad sobre rocas o estalagmitas: una mano se usaba para sostenerse y la otra para dibujar. Esto significa que la fuente de luz debe haber estado en otro lugar, ya sea una chimenea o un compañero sosteniendo una antorcha o lámpara.

La principal diferencia entre los dos métodos de iluminación es que las antorchas iluminan en todas las direcciones, mientras que las lámparas iluminan principalmente lo que está sobre ellas, por lo que pueden dificultar el caminar sobre terreno irregular. Pero, por supuesto, las antorchas son imposibles de usar en lugares donde uno tiene que pasar por pasillos estrechos. Cualquiera que sea el método utilizado, es obvio que cualquier visitante de la Edad de Hielo a una cueva necesitaba llevar combustible de repuesto, así como un kit para hacer fuego en caso de accidentes o de que la antorcha/lámpara se apagara.

Incluso armados con montones de antorchas o lámparas con abundante suministro de grasa y mechas, adentrarse en las remotas profundidades de grandes cuevas parece algo muy arriesgado. Pero las cuevas y la oscuridad formaban parte del entorno de la gente de la Edad de Hielo, y claramente sabían cómo lidiar con ellas con mucho éxito, a pesar de que pasaban la mayor parte de sus vidas al aire libre.

Así como a menudo hablamos de "hombres de las cavernas", aunque la gente de la Edad de Hielo rara vez vivía dentro de cuevas (normalmente vivían en bocas de cuevas y abrigos rocosos), también utilizamos comúnmente el término "arte en cuevas", cuando en realidad las imágenes también se hicieron al aire libre. ¡De hecho, es probable que la gran mayoría de imágenes de la Edad de Hielo se hicieran al aire libre!

Desde que se descubrió el arte en cuevas por primera vez, a finales del siglo XIX, los investigadores asumieron que la gente de la Edad de Hielo también debe haber producido imágenes fuera de las cuevas, pero que no podían haber sobrevivido a miles de años de desgaste y erosión. Esto es ciertamente verdad en el caso de los pigmentos, que se eliminan con bastante rapidez. Pero ahora sabemos que las imágenes **picoteadas** o grabadas en las rocas pueden sobrevivir, dadas las condiciones climáticas adecuadas.

Desde la década de 1980, se han encontrado numerosos ejemplos, especialmente en el noreste de Portugal, pero también en España, e incluso en los Pirineos franceses, Alemania y Egipto. La mayoría de las figuras supervivientes están en **rocas de esquisto**, a menudo a lo largo de ríos. Son similares a las imágenes de las cuevas: en su mayoría son animales adultos dibujados de perfil, con características estilísticas como las del arte portátil y mural; predominan los caballos y los bóvidos (bueyes salvajes); hay unos pocos "signos", muy pocas escenas, casi ningún ser humano y ninguna línea de base. Las imágenes se agrupan en "paneles"

(es decir, en rocas separadas) y hay un uso frecuente de grietas y bordes de roca en la colocación de las figuras de animales.

Las dos mayores concentraciones de tales figuras se encuentran en Siega Verde, en España, a lo largo de una orilla de un afluente del río Duero, donde se han encontrado al menos 540 imágenes picoteadas e incisas desde 1989; y en el valle del Côa, en el noreste de Portugal, donde se han encontrado al menos 2000 figuras picoteadas y grabados de la Edad de Hielo, esparcidas a lo largo de una distancia de unos 20 kilómetros. Poco después de su descubrimiento en 1994, la mayoría de ellas corrían un grave riesgo de quedar sumergidas por la construcción de una gran presa. Se lanzó una campaña internacional para intentar salvar este patrimonio único para las generaciones futuras, y un papel

Fotografía de una manifestación de escolares para salvar las figuras de Côa.

principal en la campaña lo desempeñaron los escolares de la zona, que organizaron actos, peticiones e incluso manifestaciones callejeras con pancartas, utilizando el lema "Nuestros grabados no saben nadar".

Las imágenes de Côa finalmente se salvaron de la presa y rápidamente se convirtieron en Patrimonio de la Humanidad. Incluyen caballos, cabras montesas, ciervos y, especialmente, uros (bueyes salvajes), además de algún que otro pez o figura humana. Miden desde 5 cm hasta varios metros de tamaño. Por su estilo, está claro que están representados al menos dos períodos diferentes. Se cree que las figuras picoteadas datan de hace unos 27.000 años y tienden a ser grandes y muy visibles; algunas de ellas estaban claramente destinadas a ser vistas desde la distancia, y los restos en un sitio donde las figuras están protegidas por un alero indican que originalmente se usó ocre rojo en las líneas picoteadas, lo que las hace aún más visibles. Se cree que los numerosos grabados de líneas finas datan de hace unos 16.000 años y son mucho más pequeñas y solo se podían ver de cerca. En otras palabras, las primeras imágenes son "públicas" y las posteriores "privadas".

¿Cómo podemos asegurar que estas imágenes pertenecen a la Edad de Hielo? En primer lugar, las técnicas empleadas, los estilos y los animales representados se corresponden perfectamente con lo que se conoce del arte en cuevas y las imágenes portátiles. Cerca de las imágenes de Côa, se han excavado importantes yacimientos de ocupación al aire libre de la Edad de Hielo, que han proporcionado herramientas de piedra tallada del tipo que se habría necesitado para elaborar las figuras picoteadas. Además, se han encontrado algunos paneles de imágenes picoteadas en el valle de Côa enterrados tras depósitos de la Edad de Hielo que podrían datarse mediante radiocarbono y otros métodos.

Ya hemos mencionado (ver pág. 55) que, en las cuevas, el movimiento de la fuente de luz puede provocar sorprendentes efectos de luz y sombra, haciendo que las figuras aparezcan y desaparezcan. En los yacimientos al aire libre, los movimientos diarios del sol y la luna habrán provocado variaciones en la visibilidad de la misma manera.

Debido a estos descubrimientos en las últimas décadas, ahora está claro que la gente de la Edad de Hielo debe haber estado decorando todo: sus cuerpos, ropa, tiendas, posesiones y las rocas que los rodeaban. Esto significa que la gran mayoría de sus imágenes se han perdido para siempre, y que las imágenes que tenemos en alrededor de 450 cuevas y abrigos rocosos (¡no tantos para un período de 30.000 años!) deben su fama y prominencia a la afortunada casualidad de que sobrevivieron sellados bajo tierra. Decorar cuevas no era parte de la vida cotidiana; de hecho, puede haber sido algo muy poco habitual. ¡El arte al aire libre era la norma en la Edad de Hielo!

HACIENDO UN REGISTRO

Desde el descubrimiento del arte rupestre, se ha invertido un gran esfuerzo en copiarlo y registrarlo, en parte para crear reproducciones con las que los investigadores pudieran trabajar y también para ponerlas a disposición del público. Las fotografías y los dibujos realizados en los primeros tiempos nos ayudan a monitorizar cualquier cambio o deterioro a lo largo del tiempo. Al principio, las copias y los calcos se hacían dibujando sobre papel y, más tarde, sobre láminas de plástico transparente. La fotografía, y posteriormente la fotografía en color, se convirtió en el principal método de registro. Hoy en día, se pueden realizar todo tipo de escaneos por láser y ordenador. Se ha desarrollado un software especialmente valioso, conocido como DStretch, que puede mejorar enormemente la visibilidad de pigmentos casi desaparecidos. En las imágenes que se muestran aquí de un dibujo rojo de un mamut en la cueva española de Pindal, se puede comparar un dibujo realizado a principios del siglo XX, una fotografía tomada hace unos años y la misma fotografía con DStretch aplicado.

El mamut en la cueva de Pindal, España. Dibujo, fotografía y DStretch. Dibujo según Breuil.

¿Cómo podemos saber que estas imágenes se crearon en la Edad de Hielo? Una pista fundamental reside en la representación de animales ahora extintos (como el mamut o el rinoceronte lanudo) o que solo estuvieron presentes durante la Edad de Hielo (como el reno en el sur de Francia o el norte de España).

Durante mucho tiempo, solo pudimos datar los objetos de arte portátiles (grabados o tallas en hueso, asta, marfil o piedra) porque a menudo se los encontraba asociados con herramientas y otros objetos de períodos específicos de la Edad de Hielo. El desarrollo de la **datación por radiocarbono** desde la Segunda Guerra Mundial significó que el material orgánico (generalmente carbón vegetal) en las capas que contenían los objetos de arte se pudo fechar, proporcionando así una edad aproximada para las imágenes.

Pero como se trata de objetos portátiles, siempre es posible que algunos de ellos hayan sido transportados y utilizados durante generaciones, de modo que el lugar donde el arqueólogo los encuentre puede estar muy lejos de su lugar de fabricación, y la capa en la que se encuentran es meramente una indicación de cuándo se perdieron o se desecharon, no necesariamente de cuándo se fabricaron. En algunos casos pueden ser considerablemente más antiguos.

Pero ¿cómo podemos datar las imágenes dibujadas en las paredes de las cuevas? Muchas cuevas tenían sus entradas bloqueadas al final de la Edad de Hielo debido a desprendimientos de

rocas causados por el cambio climático, por lo que cualquier imagen encontrado en el interior debe datar de ese período. En 1895, un granjero francés contrató trabajadores para limpiar los sedimentos de un abrigo rocoso que usaba como área de almacenamiento de herramientas y productos. Al retirar el relleno, que contenía herramientas de piedra de la Edad de Hielo, dejaron al descubierto un agujero con una galería más allá. Cuatro jóvenes liderados por Gaston Berthoumeyrou lo exploraron y descubrieron un gran bisonte grabado en una pared a 100 m en el interior, así como muchas otras figuras. Ahora conocida como la cueva de La Mouthe, sus imágenes debían pertenecer a la Edad de Hielo porque su entrada estaba bloqueada por sedimentos de esa época.

En otras cuevas, las propias paredes decoradas estaban cubiertas por depósitos de la Edad de Hielo acumulados con el tiempo. En algunos casos, fragmentos de la pared decorada se desprendieron y quedaro **estratificados** en las capas arqueológicas inferiores, lo que proporciona una edad mínima para las imágenes: deben ser más antiguas que las capas en las que se encuentran. Pero ¿cuánto más antiguas? Podrían ser siglos o incluso miles de años.

¿Cómo podemos obtener una fecha más precisa para el arte en cuevas? Una forma es averiguar cuándo estuvo ocupada una cueva o un abrigo decorado. Desafortunadamente, algunos nunca estuvieron habitados, mientras que otros sí lo estuvieron en muchos períodos durante la Edad de Hielo. Pero en los casos en que hubo un período de ocupación, es probable, aunque no definitivo, que fuera cuando se crearon las imágenes. La situación mejora si las capas de ocupación de una cueva contienen materiales colorantes o herramientas que puedan vincularse a la producción de su arte. Por ejemplo, en el gran abrigo rocoso esculpido de Angles-sur-l'Anglin, en Francia, la capa principal de ocupación contenía enormes picos de piedra, trozos de pigmento, lápices de ocre, piedras de moler y espátulas; en otras palabras, todo el equipo necesario para hacer estas figuras talladas y pintadas.

El friso de Angles-sur-l'Anglin que muestra algunas figuras de cabras montesas a tamaño natural.

Durante décadas, la datación por radiocarbono no pudo aplicarse al arte parietal en cuevas por dos razones: en primer lugar, aún se desconocía que el pigmento negro utilizado solía ser carbón vegetal; los primeros análisis indicaban que se trataba de manganeso, un material inorgánico que no puede datarse. Y en segundo lugar, incluso si se hubiera conocido el uso del carbón vegetal, el tamaño de la muestra necesaria para intentar una datación por radiocarbono habría supuesto la destrucción de figuras enteras, ¡sin garantía de éxito! Hoy en día, sin embargo, la técnica más reciente, conocida como AMS (Espectrometría de Masas con Acelerador), requiere una simple punzada de pigmento, que causa un daño mínimo a las imágenes, por lo que se han datado muchas imágenes de carbón en las paredes de las cuevas, con distintos grados de éxito. En general, los resultados concuerdan con las estimaciones obtenidas tras más de un siglo de estudio de los estilos, las técnicas y el contenido de arte mueble bien datado y de material arqueológico en capas de ocupación.

Sin embargo, ha habido algunas sorpresas e inconsistencias. Un hecho básico a recordar cuando se trata de la datación por carbono es que lo que se ha fechado es la muerte del árbol que produjo el carbón, que no es necesariamente el mismo que el momento en que se utilizó el carbón para producir la figura. En la mayoría de los casos, los dos eventos probablemente no están muy separados, pero la gente podría haber entrado fácilmente en una cueva y haber usado carbón de un hogar antiguo para hacer dibujos, ¡mucho más simple que tomarse la molestia de fabricarlo!

Pero ¿qué pasa con las numerosas imágenes de arte en cuevas realizadas con pigmentos inorgánicos (manganeso, ocre rojo) o mediante grabado? La datación por radiocarbono no es aplicable a estas. Sin embargo, se puede aplicar una técnica diferente que no data directamente el arte, sino la calcita que a menudo se forma en las paredes de las cuevas. Esta técnica, conocida como método de uranio/torio, puede revelar cuándo comenzó a formarse la calcita, proporcionando así una edad mínima para la imagen que se encuentra debajo. El método se ha aplicado con éxito no solo en muchas cuevas decoradas de la Edad de Hielo en España, sino también en algunas de Indonesia. En España, los resultados han revelado que el techo de Altamira fue decorado esporádicamente durante un período de 20.000 años, ya que la datación por calcita muestra que algunas formas geométricas rojas tienen al menos 35.000 años (y quizás mucho más), mientras que el carbon vegetal de las famosas figuras de bisontes, las últimas imágenes dibujadas en el techo, data de hace entre 14.000 y 15.000 años.

El carbón vegetal presente en estos bisontes de Covaciella, España, ha sido datado por carbono en aproximadamente 17.000 años.

ARTE NEANDERTAL

En los últimos años, la técnica de la calcita ha arrojado resultados de más de 60.000 años para marcas pintadas en varias cuevas españolas, incluyendo plantillas de manos en Maltravieso (véase pág. 43), lo que confirma que los neandertales también decoraban cuevas. Tradicionalmente, se creía que estos primeros humanos que precedieron al *Homo sapiens* en Eurasia eran brutos ignorantes sin cultura ni arte. Sin embargo, en los últimos años ha surgido una gran cantidad de evidencia de que, de hecho, eran personas muy sofisticadas e inventivas, que producían joyas y utilizaban una gran cantidad de pigmento. Por lo tanto, no fue una sorpresa para algunos investigadores cuando se obtuvieron estas fechas para las marcas en varias cuevas españolas. Francia también tiene una cueva, La Roche-Cotard, cuyas paredes fueron marcadas con patrones por dedos neandertales, y donde se encuentra un rostro notable. Consiste en un pedernal del tamaño de una mano, moldeado, al que se le insertó una costilla en un hueco natural, de modo que parece un rostro de piedra con dos ojos de hueso. ¡Se cree que tiene unos 70.000 años!

FRAUDES Y FALSIFICACIONES

Tan pronto como el arte portátil de la Edad de Hielo fue descubierto y aceptado en la década de 1860, pronto comenzaron a surgir falsificaciones. En aquellos días, estos objetos podían venderse y alcanzar altos precios, por lo que había una gran tentación de fabricar copias. Era fácil hacerlo: las cuevas y abrigos rocosos del sur de Francia estaban llenos de huesos y astas de reno que podían tallarse o grabarse fácilmente, produciendo piezas aparentemente genuinas de arte portátil de la Edad de Hielo. ¡Es muy probable que algunos de los especímenes en nuestros museos sean falsificaciones modernas de este tipo!

Algunas de las figuras y huellas de mano falsas de la cueva de Zubialde

El arte parietal en cuevas es mucho más difícil de falsificar que los objetos portátiles, ya que requiere mucho más esfuerzo y equipo, pero se han dado algunos casos a lo largo de los años, principalmente en España. Más recientemente, en 1991, una cueva llamada Zubialde, en el País Vasco español, fue presentada a las autoridades como una cueva recién descubierta con decoración de la Edad de Hielo. La mayoría de los investigadores sospecharon de inmediato porque los dibujos de animales y las manos impresas en negativo eran increíblemente feos y toscos, ¡algo que no ocurre con el arte auténtico! Finalmente, el análisis de los pigmentos utilizados reveló que contenían pequeños fragmentos de una esponja de cocina de plástico verde moderna.

Panel de caballos, uros y rinocerontes en la cueva de Chauvet, Francia

Se han realizado muchos intentos para explicar el significado del arte de la Edad de Hielo desde su descubrimiento. Una idea inicial fue que nuestros primeros antepasados simplemente disfrutaban decorando las paredes de las cuevas y tenían mucho tiempo libre para dedicarse a dicha actividad. ¡Pero es extremadamente improbable que cualquiera de estas ideas sea cierta! A esta idea le siguieron sugerencias de que el arte se centraba en la caza, pero no existe una sola imagen de animales cazados en el arte de la Edad de Hielo, y los animales representados no siempre eran los mismos que se cazaban. Hay decenas de miles de animales representados, pero ni una sola escena de caza, y no se representan todos los animales que comían. Los conejos, por ejemplo, se encuentran a menudo en los estratos arqueológicos de períodos comparativos, ¡pero solo se conocen un par de dibujos de conejos o liebres!

Después vino la idea de que el arte tenía un significado mágico o sobrenatural –una especie de religión primitiva– y una sugerencia aún más tonta fue que gran parte del arte había sido producido por chamanes de la Edad de Hielo. ¡Esto a pesar de que no hay evidencia alguna que respalde la idea de que los chamanes con poderes especiales existían en la Edad de Hielo!

Las **teorías** siguen floreciendo y pueden crear gran entusiasmo en los medios cuando a alguien se le ocurre una idea que "explica" el propósito del arte en cuevas de la Edad de Hielo. Cuanto más descabellada sea la "teoría", más atención le suelen prestar los medios, solo para los verdaderos expertos pueden exponer lo ridícula que es la última sugerencia, que por desgracia a menudo recibe menos atención.

Por ejemplo, el enorme dibujo de un pez en la cueva española de La Pileta casi parece una **performance artística**. No estaba escondido en un rincón de una cueva, sino dibujado en una gran extensión de pared. Cada marca a su alrededor parece ser deliberada y formar parte de la escena completa. Se cree que el pez es un fletán (un pez que puede vivir hasta 50 años); sin embargo, el fletán sería un pez curioso que apareciera en las playas del mar Mediterráneo, y la cueva de La Pileta habría estado a más de 40 km del mar durante la última Edad de Hielo. Quizás sea más probable que sea un tiburón peregrino o incluso una foca monje del Mediterráneo.

El dibujo del "pez" en la cueva de La Pileta, España, mide aproximadamente 1.5 metros de largo (152 cm).

SIGNIFICADO

Intentar interpretar el **significado** del arte rupestre es difícil, ya que nosotros, personas que vivimos decenas de miles de años después, no somos los espectadores previstos de los artistas. Además, no debemos hacer suposiciones sobre las creencias de las culturas prehistóricas y primarias, ya que habrían tenido una forma diferente de entender y "ver" el mundo a la de personas como nosotros que vivimos en los tiempos modernos.

Un toro negro en Lascaux.

Es bastante difícil para nosotros imaginar qué es una cultura primaria, es decir, una cultura sin ningún conocimiento de escribir cosas o "consultar algo". En pocas palabras, no tienen necesidad de hacer las cosas como las hacemos nosotros. Las personas en estas culturas aprenden por aprendizaje, y aprenden las cosas que necesitan saber repitiendo historias e información que se transmiten de una generación a la siguiente. Si, en estas culturas, la sabiduría y el conocimiento no se repiten y ensayan, se pierden. Lo mismo habría sido cierto para las personas que vivieron durante la Edad de Hielo. Habrían necesitado encontrar una manera de almacenar el conocimiento que pudiera transmitirse a las generaciones futuras. El arte, en sus múltiples formas (en objetos, en las paredes de las cuevas y en el paisaje), habría sido una forma ideal de "capturar" y transmitir información importante sobre su supervivencia, sus tradiciones y quizás incluso sus creencias religiosas.

CONCLUSION

A lo largo de este breve libro sobre el arte de la Edad de Hielo, os hemos presentado un fenómeno muy especial pero complejo, y quizás el regalo más maravilloso que nuestros antepasados de la Edad de Hielo podrían habernos dejado. En el apéndice hemos enumerado algunos libros para aquellos de ustedes que quieran aprender más sobre estas imágenes.

Es cierto que aún queda mucho arte de la Edad de Hielo por descubrir, y a medida que la ciencia avance, comprenderemos y aprenderemos más sobre este arte y quién lo produjo. Es una experiencia maravillosa visitar las cuevas decoradas, los mismos lugares donde los artistas trabajaron para crear arte, y muchos yacimientos están abiertos al público.* Si alguna vez tiene la oportunidad, vaya a ver el arte con sus propios ojos y, como todos los que lo precedieron, incluidos los grandes expertos, podrá decidir por sí mismo qué mensajes querían transmitir nuestros antepasados.

---

* El libro de Paul Bahn, *Más allá de Altamira. Guía de las cuevas decoradas de la Edad del Hielo en Europa (Cave Art: A Guide to the Decorated Ice Age Caves of Europe*, ofrece detalles de las cuevas que se pueden visitar. La primera parada es Creswell Crags, donde en 2003 él y su equipo descubrieron el único arte rupestre de la Edad de Hielo en Gran Bretaña.

Dibujos de bisontes e
cabras montesas de
Niaux, Francia.

GLOSARIO

Afiliaciones: Formar parte de un grupo similar y más grande.

Altamente tóxico: Muy dañino, mortal o venenoso.

Alto relieve: Una talla donde la imagen sobresale bastante de la superficie circundante.

Análisis: Dividir algo en partes más pequeñas para comprenderlo y explicarlo mejor.

Arqueólogo: Una persona que trabaja para comprender el pasado desenterrando (excavando) y estudiando los restos que dejaron las civilizaciones anteriores.

Arquitectura: El proceso de diseño de edificios o el estilo y forma de construir.

Autenticó: Genuino o válido.

Bajorrelieve: Una talla donde la imagen sobresale ligeramente de la superficie circundante.

Borrar: Eliminar o destruir hasta dejarlo irreconocible.

Cristales de hematite: Cristales de óxido de hierro, generalmente de color rojizo.

Datación por radiocarbon: Un método para calcular la edad de material orgánico como carbón, semillas, madera y huesos.

Desintegrar: Descomponerse, romperse, desmoronarse o dispersarse.

Espeleólogo: Alguien que estudia cuevas o escala en ellas por deporte.

Esteatita: Un tipo de roca blanda.

Estratificado: Formados o dispuestos en estratos o capas.

Etnografía: El estudio científico de los pueblos y culturas con su lengua, costumbres, hábitos y forma de vida.

Evidencia: Información, datos o algo que da motivos para creer en algo.

Fertilidad: La capacidad de tener descendencia.

Fenómeno: Un hecho o situación que se observa que existe o sucede, o un evento inusual o notable.

Homo sapiens: Humanos biológicamente modernos: ¡nosotros! También conocidos como *H. sapiens.*

Interpretación: El proceso de explicar o comprender el significado de algo.

Investigador: Una persona que realiza un estudio cuidadoso de algo para obtener información o resolver un problema.

Metáfora: Una frase que describe algo comparándolo con otra cosa.

Montón de escombros de excavación: Un montón de material de desecho de una excavación.

Monumental: Enorme, imponente o extremadamente llamativo.

Orgánico: Producido de forma natural, a partir de seres vivos y sin añadir productos químicos.

Perecedero: Destinado a echarse a perder o pudrirse en poco tiempo.

Performance artística: Una combinación de arte visual con narración de cuentos, música, danza o una representación teatral.

Picados: Imágenes producidas al golpear una roca con un martillo.

Prehistoriador: Un arqueólogo que estudia la prehistoria, un período de tiempo anterior a la historia escrita.

Propulsor: Una herramienta que utiliza el apalancamiento para lograr mayor velocidad, fuerza y distancia al lanzar una lanza.

Registro arqueológico: Documentar (poner por escrito) el estudio de la vida tal como existía en el pasado.

Replicar: Repetir o reproducer.

Rocas de esquisto: Una especie de roca que se divide fácilmente y forma capas como láminas superpuestas.

Seres sobrenaturales: Que tiene que ver con algo ajeno a las leyes de la ciencia y la naturaleza. Algo o una criatura que se cree que tiene el poder de influir el curso de los acontecimientos humanos.

Simbólico: Algo relacionado con o representado por un símbolo -- un objeto, forma o imagen que se utiliza para dar el significado de algo más.

Teoría: Una suposición o un sistema de ideas destinado a explicar algo.

Terracota: Una arcilla cerámica dura de color marrón a rojo que se utiliza para hacer cerámica y esculturas, etc.

Translúcida: Que solo deja pasar parcialmente la luz, de modo que no se ve claramente lo que hay al otro lado. Semitransparente.

Tres dimensiones: Que tiene o parece tener profundidad, así como altura y anchura.

Vertebras: Los pequeños huesos que forman la columna vertebral.

Grabado sobre hueso de una cabeza de león de La Vache, Francia.

PREGUNTAS

¿Crees que un niño pudo haber hecho esta figura (pág. 29)?

¿Para qué crees que servían las figuras femeninas (pág. 31)?

¿Crees que los niños pudieron haber hecho cuentas y joyas?

¿Considerarías divertido hacer estrías con los dedos en una cueva oscura?

¿Crees que las huellas de manos y las plantillas crean arte?

Si estuvieras dentro de una cueva, ¿preferirías llevar una antorcha encendida o una lámpara de mano?

¿Te imaginas al artista en la cueva dando un gran espectáculo mientras explicaba al público su significado?

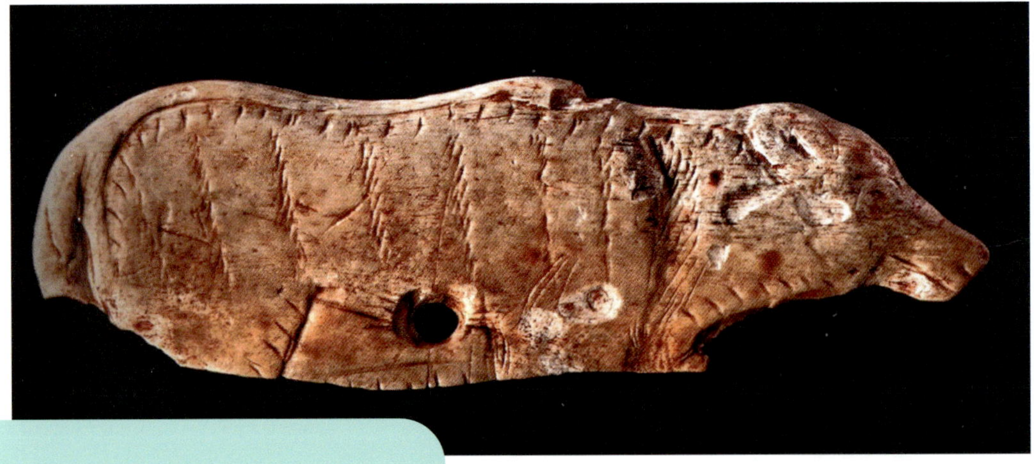

Oso de La Garma, España.

APENDICE: LECTURAS ADICIONALES

Ver tambien *Images of the Ice Age* (Oxford University Press, 2016) por Paul Bahn, y (con Michel Lorblanchet) *The First Artists* (Thames & Hudson, 2017).

POR LOS MISMOS AUTORES

Everyday Life in the Ice Age (Archaeopress, 2022)

Vivir en la Edad de Hielo (Archaeopress, 2025)

CREDITOS DE LAS IMAGENES

Página   Subtítulo

Página de título   Panel de Niaux. Fotografía de B. Caland

Contenidos   Parte de la serie única de docenas de grandes discos rojos, rociados en una galería de la cueva de El Castillo, España. Fotografía de P. Saura

iv   Línea de tiempo desde la llegada aproximada de los humanos modernos a Europa hasta la actualidad. Archaeopress

v   Fotomontaje del panel del «unicornio» en Lascaux II. Fotografía de J. Vertut, colección de P. Bahn

vi   Los autores en Altamira. Fotografía de A. Gavan

vi   Algunos de los bisontes 3D pintados sobre salientes naturales en el techo de Altamira. Fotografía de P. Saura

3   El techo de Altamira tiene 20 m de largo. Contiene 18 bisontes, un caballo y una cierva, además de numerosos grabados. Fue decorado en diversas épocas entre hace 35.000 y 17.000 años. Fotografía de P. Saura

4   Las únicas fotos conocidas de Robot con su amo Marcel. Fotografías de la colección de P. Bahn

5   Algunos de los primeros visitantes inspeccionando Lascaux. Fotografía de la colección de P. Bahn

5   ¡Robot no se perdió y se convirtió en una especie de héroe nacional! Fotografía de P. Bahn

7   Foto del equipo que encontró la cueva de Tito Bustillo. Tito es el segundo a la izquierda. Fotografía de la colección de P. Bahn

9   Los bisontes de arcilla en el extremo de la cueva de Le Tuc d'Audoubert. Fotografía de J. Vertut, colección de P. Bahn

Cabeza de bisonte esculpida de Angles-sur-l'Anglin, Francia.

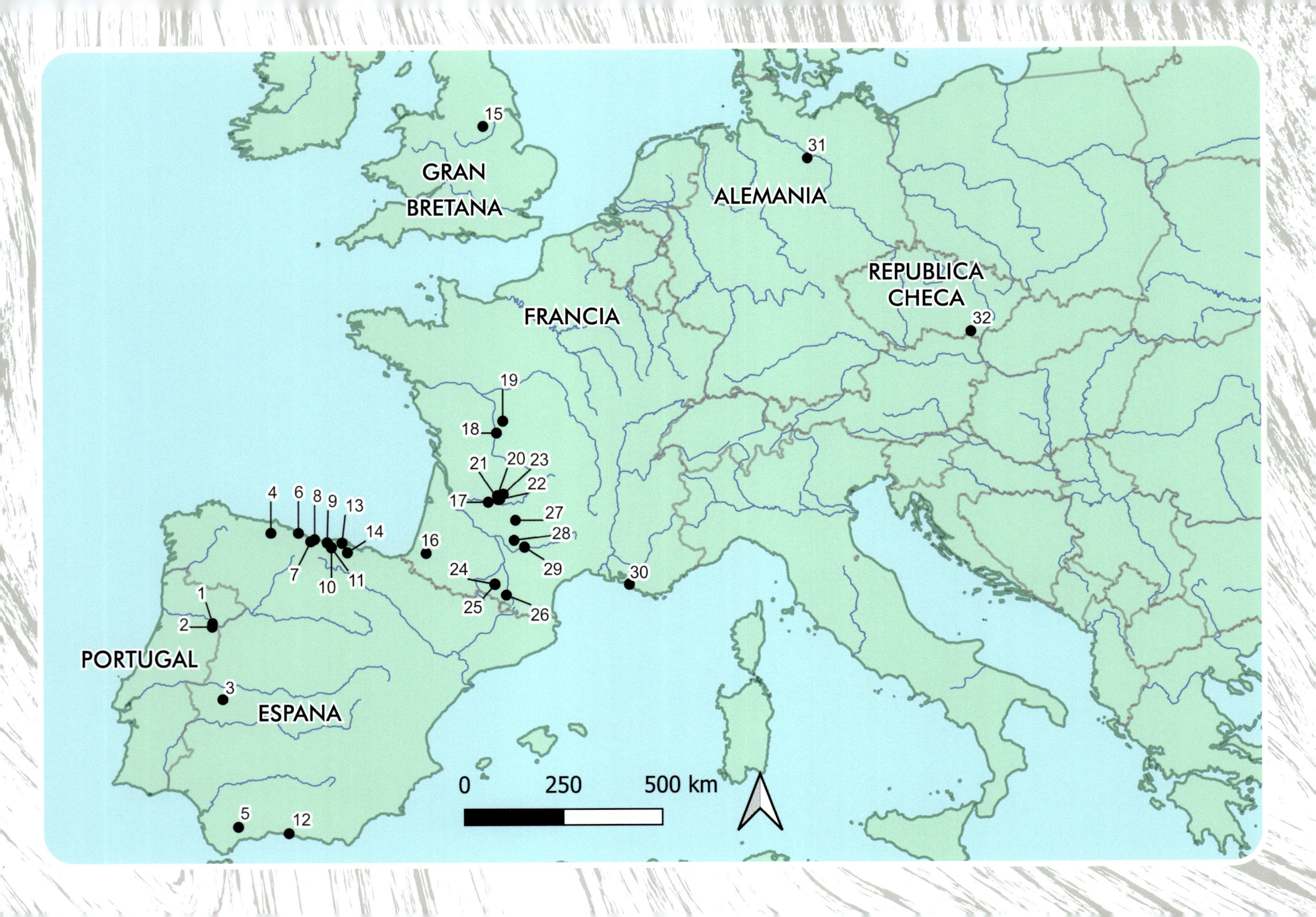

GRAN BRETAÑA
ALEMANIA
REPUBLICA CHECA
FRANCIA
PORTUGAL
ESPAÑA
0   250   500 km

MAPA DE LOS SITIOS MENCIONADOS EN EL TEXTO

PORTUGAL
1. Coa Valley
2. Penascosa

ESPANA
3. Maltravieso
4. Las Caldas
5. La Pileta
6. Tito Bustillo
7. Llonin
8. El Pindal
9. Altamira
10. La Pasiega
11. El Castillo
12. Nerja
13. La Garma
14. Covalanas

GRAN BRETANA
15. Church Hole, Creswell Crags

FRANCIA
16. Duruthy
17. La Roche, Lalinde
18. La Marche
19. Angles-sur-l'Anglin
20. Rouffignac
21. La Mouthe
22. Bernifal
23. Lascaux
24. Tuc d'Audoubert
25. Enlène
26. Niaux
27. Pech-Merle
28. Bruniquel
29. Labastide
30. Cosquer

ALEMANIA
31. Weitsche

REPUBLICA CHECA
32. Dolni Vestonice

NO APARECE EN EL MAPA

RUSIA
Maininskaya
Mal'ta
Shigir
Zaraisk

ISRAEL
Muraba'at

Las imágenes de Covaciella (véase pág. 65) causan un impacto inmediato al entrar en esta estrecha galería. Estos bisontes, bellamente conservados, lucen tan frescos como el día en que fueron pintados, gracias a que la cámara estuvo sellada permanentemente desde la Edad de Hielo hasta su reciente descubrimiento. La depresión frente a las pinturas fue creada y utilizada por osos para hibernar.